Consciência Khalsa

S.S. Hari Nam Singh Khalsa

NOBLE LION PRESS

Copyright © 2020 by Hari Nam Singh Khalsa

Todos os direitos reservados. Nenhuma parte deste livro deve ser reproduzida ou transmitida em qualquer forma ou por qualquer meio, eletrônico ou mecânico, incluindo fotocópias, gravações ou por qualquer sistema de recuperação de informação e armazenamento, sem a permissão escrita do autor. Citações breves permitidas para fins de revisão.

ISBN 978-1-7321810-5-2 (E-Book)
ISBN 978-1-7321810-4-5 (Brochura)
ISBN 978-1-7321810-3-8 (Capa Dura)

Créditos:
Tradução para o Português: Marcela Chassot
Revisão: Venâncio Filho e Márcia Sampaio
Foto: Jim Cooke Photography
Arte de Capa e Logotipos: Resistencia Marketing, Bogotá, Colômbia
Layout: Van-garde Imagery, Inc.

Publicado por Noble Lion Press
McMinnville, Oregon, USA
Email: info@NobleLionPress.com

Dedicatória

Este trabalho é primeiramente dedicado ao Criador de tudo o que é real, verdadeiro e infinito, sem o qual não há absolutamente nada. Obrigado por me dar esta vida para que eu possa Te conhecer, Te amar e servir à Tua Criação. Que eu nunca Te esqueça, nem por um momento. Eu só Te peço um precioso presente: que no momento do meu último suspiro nesta vida mundana, eu esteja no meio de uma ação virtuosa pelo bem dos outros, lutando por uma causa justa e nobre com coragem ilimitada, com Teu Nome em meus lábios.

Este trabalho também é dedicado a Guru Gobind Singh, o 10º e último Guru Sikh vivo e fundador do Khalsa (1666-1708 dC). Seus ensinamentos, Seu Código de Conduta e o exemplo dado através do modo sábio e corajoso que você viveu sua vida, agora são a orientação pela qual eu vivo a minha própria. Tudo o que penso, digo e faço no meu tempo restante neste planeta—inclusive escrever este guia—é em total dedicação à sua missão e visão para a humanidade. Você é meu Pai Espiritual. Eu sou e sempre serei seu filho fiel e amoroso. Minha vida pertence a você.

Este trabalho é, em seguida, dedicado ao meu amado professor espiritual, Siri Singh Sahib Bhai Sahib Harbhajan Singh Khalsa Yogiji, Yogi Bhajan (1929-2004 dC). Você me deu as ferramentas necessárias para viver uma vida Feliz, Saudável e Santa. Você me ensinou a ser homem. Você foi aquele que me levou aos pés do Verdadeiro Guru, à porta para a Libertação. No dia em que te conheci, eu disse a mim mesmo: "Eu quero o que ele tem!", embora eu não soubesse exatamente o que era. Eu tenho isso agora. Obrigado senhor, por me colocar à prova, confiando que eu continuaria esta Missão. Rezo para que eu te represente bem.

Por fim, este trabalho é dedicado às muitas Almas, conhecidas e desconhecidas, que precederam e caminharam ombro a ombro comigo neste caminho, que sem interesse e anonimamente sacrificaram suas próprias vidas pelo bem estar dos outros e para a Missão. Este trabalho é igualmente dedicado àqueles nascidos e aos que ainda não nasceram, que assumirão a imensa responsabilidade de representar e promover esta grande Missão até o seu destino.

~ S.S. Hari Nam Singh Khalsa

Prólogo

O que vem a seguir é uma descrição sucinta do Caminho Espiritual Khalsa. A intenção deste trabalho é captar seu coração e prover um mapa claro para o seu destino sublime, a experiência à qual chamaremos Consciência Khalsa. Este caminho é baseado em ser, em fazer e na experiência pessoal. Diferente de muitos caminhos espirituais, este caminho não é baseado em ideias filosóficas ou em um sistema de crença particular. Você não pode compreender sua verdade intelectualmente. Primeiro você precisa vivê-lo, e somente então você vai verdadeiramente entendê-lo e experiencia-lo em sua essência.

O caminho que será agora apresentado a você, se praticado sinceramente e com total dedicação, irá definitivamente levá-lo ao seu destino nessa vida. Eu posso confirmar isso pela minha experiência pessoal.

Índice

Dedicatória iii
Prólogo v
Capítulo Um: Deus 1
Capítulo Dois: Destino Humano 3
    Significado 4
    Propósito 5
    Missão 6
Capítulo Três: Khalsa 9
    A Missão 10
    A Visão 11
    Santo Guerreiro 12
    Religião 13
    Símbolo 14
    Livro Sagrado 15
Capítulo Quatro: Consciência Khalsa 17
    Calma 18
    Alegre 19
    Extasiante 20
    Livre 21
    Claro 22

Radiante 23
Conectado 24
Atemporal 25
Destemido 26
Imortal 27

Capítulo Cinco: O Caminho Espiritual Khalsa 29

Parte Um: Tecnologia Espiritual 31
   Guru 32
   Naam Simran 34
   Sat Sangat 35
   Sadhana 36
      Japji 38
      Kundalini Yoga 40
      Meditação 41
      Oração 42
      Escritura 43

Parte Dois: Desenvolvimento de Caráter 45
   Comprometimento 46
   Autodisciplina 47
   Coragem 48
   Sacrifício 49
   Verdade 50
   Nobreza 51
   Bondade 52
   Compaixão 53
   Chefe de Família 54

Caridade	55
Serviço	56
Ativismo Social	57
Parte Três: Código de Conduta	59
Juramento	60
Identidade	61
Fidelidade	62
Pais Espirituais	63
Local de Nascimento Espiritual	64
Singh e Kaur	65
5 Ks	66
Crença Espiritual e Prática	68
Um Deus	69
Simran	70
Bani	71
Artes Marciais	72
Estilo de Vida Dármico	73
Dieta Vegetariana	74
Sem Drogas	75
Sem Álcool	76
Sem Tabaco	77
Sem Jogatina	78
Conduta Sexual	79
Epílogo	81
Sobre O Autor	83

CAPÍTULO UM
Deus

Deus é Compromisso.
Não é que você não conheça a Deus.
É que você não conhece o Compromisso.
Quando você conhecer Compromisso, conhecerá Deus.

CAPÍTULO DOIS

Destino Humano

O espírito humano—individual e coletivamente—tem um destino predeterminado. Esse destino pode ser melhor compreendido em termos de Significado, Propósito e Missão.

Significado

A vida tem significado. Em outras palavras, ela tem um propósito definido e seu próprio valor intrínseco. Existe uma razão objetiva para nossa existência, mesmo se não soubermos qual é essa razão. Não é um evento aleatório, casual ou sem sentido.

Essa não é uma revelação nova. Essa simples verdade tem sido afirmada muitas vezes ao longo dos tempos, pelos mais sábios e mais evoluídos seres que a humanidade teve em seu meio. Essa verdade está simplesmente sendo repetida mais uma vez nestas páginas.

A razão da existência da vida, o porquê de ela existir, foi exclusivamente determinada pela própria força e consciência que a criou, a sustenta e, eventualmente, irá destruí-la.

Na verdade, você não precisa saber por que existe, ou por que tudo existe. Tudo que você precisa reconhecer é que você de fato existe. Que sua existência foi criada. Que você não deu à luz a si mesmo. Que você simplesmente precisa ser a pessoa que você foi criada para ser.

Propósito

O propósito da vida humana é a conquista de Libertação.

Essa verdade universal e atemporal é evidente para aqueles que têm vontade e capacidade de prestar atenção plena a todo momento.

Nosso trabalho neste planeta é simplesmente fazer o que for necessário para cumprir o Propósito para o qual fomos colocados aqui—nos libertar, individual e coletivamente.

Continuaremos retornando ao ciclo da vida e da morte (Reencarnação) até terminarmos o trabalho que fomos enviados aqui para fazer. Eventualmente e inevitavelmente, todos nós seremos libertados. Tudo vem de Deus, tudo volta para Deus.

Missão

A missão é a maneira específica pela qual cada Alma está destinada a servir a humanidade e dedicar completamente sua existência para fazê-lo, alcançar a libertação nesta vida. Novamente, o propósito da vida.

Nenhuma alma tem o direito ou a capacidade de escolher sua Missão. Pelo contrário, a Alma é obrigada a reconhecer, concordar e completar a Missão que lhe foi atribuída em seu nascimento pelo Criador, de acordo com a jornada única dessa Alma através da lei de causa e efeito (Karma).

E como uma pessoa pode ter certeza de qual é sua missão de vida? Colocando-se no vórtice onde os seus maiores talentos naturais, suas paixões mais ardentes e os seus valores fundamentais intercedem. Quando esses três aspectos do ser se encaixam com um foco, a Missão atribuída àquela Alma será autoevidente.

O correto reconhecimento desses três aspectos do ser e entender o que eles significam coletivamente em termos de Missão requer autoconhecimento incomum e honestidade consigo mesmo. A conclusão real da Missão designada requer domínio das mais altas virtudes da vida, especialmente a virtude do Compromisso.

O Compromisso com a Missão é o mais direto, prático e confiável caminho para a Libertação. Isto irá decidir tudo por você—onde você mora, com quem se casa, o que faz para viver, quem são seus amigos, o que você faz por prazer, o que você come, quando você vai dormir, como você adora O Criador. Tudo.

Mesmo instituições que representam a aspiração humana, tal como um governo, uma organização de caridade, o casamento e a religião, devem ter uma Missão clara para justificar sua existência. No momento em que essas instituições traem a Missão sobre a qual foram fundadas, elas começam a liderar a própria humanidade que as criaram em direção a uma maior escravidão, ao invés da Libertação.

CAPÍTULO TRÊS

Khalsa

Guru Gobind Singh criou a Irmandade dos Khalsa, "Os Puros", a fim de cumprir a Missão para a qual Deus o enviou a este planeta. O corpo dos Khalsa representa a consciência coletiva da própria Missão. Guru Gobind Singh, cujo espírito nunca morrerá, declarou-se um membro igual do grupo Khalsa, ao qual ele deu à luz.

A Missão

A Missão Khalsa é levar a humanidade à Libertação Universal.

A Visão

Quando a Missão Khalsa aproximar-se da realização, a Libertação pessoal será a norma, não a exceção. Haverá paz no planeta e viveremos como Um. A pobreza material e espiritual deixará de existir. Todo habitante do planeta será brilhante e lindo—feliz, saudável e santo. Utopia. Relacionado ao curso da história humana, isso vai acontecer em breve.

Quando a Missão Khalsa for totalmente cumprida, o ideal de Libertação Universal será alcançado. Toda alma, individual e coletivamente, onde quer que seja encontrada, terá alcançado a Libertação. Não haverá mais necessidade para este planeta, este mundo, este universo, esta vida ou esta realidade. Tudo desaparecerá tão espontaneamente como veio a ser. Tudo é Deus.

Santo Guerreiro

O ideal ao qual todo Khalsa aspira é ser o protótipo do Santo Guerreiro, a imagem de Guru Gobind Singh, perfeito exemplo vivo do amor destemido e incondicional.

Religião

Um Khalsa acredita, pratica e defende a Verdadeira Religião tal como uma fórmula sagrada e confiável para a obtenção da Libertação pessoal e coletiva.

A religião Khalsa é o Sikh Dharma, fundada por Guru Nanak e desenvolvida ao longo da vida dos nove Gurus vivos que o seguiram, o último dos quais foi Guru Gobind Singh. O Khalsa é a personificação completa e final e a expressão dos ensinamentos, tecnologia e Missão do Sikh Dharma.

No entanto, os membros do Khalsa são obrigados a respeitar, honrar e proteger todas as religiões como se fossem suas, e ver todos os seres humanos como seus irmãos e irmãs, independente de raça, credo ou código.

Devido à fraqueza humana, as religião institucionais foram corrompidas em seu núcleo, mas ainda podem ser recuperadas. Os membros do Khalsa não apoiarão ou participarão dessa corrupção. Faremos parte da solução, não parte do problema.

Quando Khalsa cumprir sua missão—ou seja, quando a Libertação Universal for alcançada—até a Verdadeira Religião deixará de existir, pois não haverá mais necessidade de religião.

Símbolo

Símbolos têm a habilidade de representar e capturar essência e intenção de uma forma que as palavras não conseguem. Todo o caminho espiritual é fundamentalmente definido por um símbolo. Se você verdadeiramente quer entender a essência de qualquer caminho espiritual, precisa entender plenamente e experienciar seu símbolo representativo.

O símbolo Khalsa é o Adi Shakti (também conhecido como Khanda), desenhado pelo próprio Guru Gobind Singh. Este símbolo, como um todo, representa a Força Primordial—o puro e indescritível imenso fluxo de energia trazido ao ser no momento da Criação.

Três espadas e um círculo. As duas espadas em ambos os lados representam o corte da ignorância espiritual e temporal. A grande espada no meio representa o batismo no caminho. O círculo unificador representa o Infinito.

Medite neste símbolo com todas as fibras do seu ser, torne-se Um com ele e você entenderá a natureza única deste caminho e sua conexão com ele.

Livro Sagrado

O livro sagrado Khalsa é o Siri Guru Granth Sahib.

Para um Khalsa, o objeto mais sagrado do mundo, e a última palavra sobre o significado da vida e os meios para a Libertação, é o Siri Guru Granth Sahib.

Compilado pela primeira vez pelo quinto mestre Sikh, Guru Arjan, e finalmente compilado pelo décimo mestre Sikh, Guru Gobind Singh, ele contém os hinos poéticos de seis dos dez Gurus Sikh (embora nenhum próprio de Guru Gobind Singh), bem como os dos santos contemporâneos de outras tradições espirituais. Sua mensagem é simples. Você está aqui para libertar-se e é assim que você faz isso.

Embora assuma a forma escrita, um Khalsa não considera nem trata o Siri Guru Granth Sahib como um livro, nem mesmo como um livro sagrado; mas sim como o próprio Deus. O Siri Guru Granth Sahib não é algo para se acreditar ou compreender intelectualmente. É algo para ter e desenvolver um relacionamento, algo para amar, algo para obedecer, algo para construir uma vida ao redor.

CAPÍTULO QUATRO

Consciência Khalsa

A Consciência Khalsa é a experiência sublime e transcendente de um ser humano que domina o Caminho Espiritual Khalsa. Outro nome para essa experiência é Libertação.

Calma

A Consciência Khalsa é experimentada como Calma. Relaxado, não reativo, em equilíbrio e em paz consigo mesmo, não importa qual seja a circunstância.

Alegre

A consciência Khalsa é experimentada como Alegria. Transbordante de felicidade, satisfação emocional e otimismo e, ainda assim, contido.

Extasiante

A Consciência Khalsa é experimentada como Êxtase, também chamado Chardi Kala. Imenso, ascendente e interminável entusiasmo pela vida e pela Missão.

Livre

A Consciência Khalsa é experimentada como Liberdade. Desapegada, pura, absoluta e em todas as formas imagináveis.

Claro

A Consciência Khalsa é experimentada como Clareza. Através de um coração puro e de uma mente pura, uma vida com direção e propósito. Uma vida livre de dúvidas.

Radiante

A Consciência Khalsa é experimentada como Radiância. O próprio Ser é a fonte da qual a luz brilhante e cintilante está constantemente emanando e tocando cada Alma ao seu alcance.

Conectado

A Consciência Khalsa é experimentada como Conexão. Consigo mesmo, com todos os outros seres humanos, com todas as formas da vida, com o planeta Terra, com o Universo, com Deus.

Atemporal

A Consciência Khalsa é experimentada como Atemporalidade. Passado, presente e futuro de uma só vez. Todo momento é para sempre. O tempo parece não passar como acontece com aqueles de consciência comum.

Destemido

A Consciência Khalsa é experimentada como Destemor. Ausência de paralisia emocional, psicológica e espiritual associadas com o enfrentamento do desconhecido, especialmente a própria mortalidade.

Imortal

A Consciência Khalsa é experimentada como Imortalidade. Sempre se identificando com a verdadeira essência, a Alma. Infinita, eterna e incapaz de aniquilação.

CAPÍTULO CINCO
O Caminho Espiritual Khalsa

O Caminho Espiritual Khalsa, como ensinado e exemplificado por Guru Gobind Singh é, em partes iguais, Tecnologia Espiritual e Desenvolvimento de Caráter. Para experimentar a Consciência Khalsa, é preciso dominar esses dois aspectos do caminho, que são finalmente incorporados no Código de Conduta Khalsa.

PARTE UM

Tecnologia Espiritual

A Prática Espiritual Khalsa é baseada em parte na prática da Tecnologia Espiritual, a ciência sagrada de conectar a consciência finita à consciência infinita. Sua metodologia foi descoberta e desenvolvida por seres esclarecidos e seus inegáveis benefícios foram replicados através dos tempos.

Guru

O conceito e a experiência de "Guru" ocupam um lugar central na vida espiritual de um Khalsa. "Guru" é entendido e relacionado de três maneiras diferentes, dependendo em qual contexto é referido. A Trilogia Guru é um dos aspectos paradoxais desse caminho espiritual. A habilidade de perceber a verdade dentro do paradoxo é uma característica da consciência superior.

Um Khalsa reconhece a existência do "Guru" na vida dos dez Gurus Sikh sucessivos, começando com Guru Nanak (1469-1539 dC) e terminando com Guru Gobind Singh (1666-1708 dC), através do exemplo das vidas que eles lideraram, seus ensinamentos e a pura essência e conexão com o infinito que eles individual e coletivamente mantiveram.

Um Khalsa reconhece a existência do "Guru" no Siri Guru Granth Sahib, a coleção de hinos poéticos sagrados composta por seis dos dez Gurus Sikh, juntamente com outros santos reconhecidos desde os tempos dos Gurus. Antes de deixar o seu corpo físico, Guru Gobind Singh instruiu seus discípulos que não haveria mais Gurus vivos nesse caminho e, a partir daquele momento, eles encontrariam a presença dele e os ensinamentos divinos no Siri Guru Granth Sahib.

Um Khalsa reconhece a existência de um "Guru" dentro do seu próprio Ser, aquele canal sutil e sublime encontrado dentro de cada ser humano, que leva da escuridão para a luz, da consciência finita à consciência suprema.

Qualquer um ou todos esses relacionamentos com o "Guru" estão disponíveis e são necessários para um Khalsa em sua prática espiritual.

Naam Simran

A prática espiritual mais básica de um Khalsa é a constante lembrança e repetição d'O Nome (Naam Simran), a corrente sonora primordial a partir da qual a realidade foi trazida à luz e para a qual todos finalmente voltarão.

Quando mente, coração e alma estão vibrando na mesma frequência da corrente sonora primordial, a consciência finita se fundirá na consciência infinita, a experiência sendo "Deus e eu, eu e Deus somos um."

Para um Khalsa, O Nome é WAHE GURU.

Sat Sangat

O caminho espiritual da Consciência Khalsa não se destina a ser uma jornada solitária. Supõe-se que o desenvolvimento espiritual ocorra melhor em um esforço cooperativo com outros seres humanos, que exista uma progressão natural: da consciência individual, à consciência grupal, à consciência universal.

Há uma referência frequente à importância de Sat Sangat, a companhia dos sagrados. É encorajado que meditemos juntos, oremos juntos, leiamos as escrituras juntos, que comamos juntos, que sirvamos à comunidade juntos. Como qualquer sistema familiar, os membros de uma família espiritual irão ambos desafiar e apoiar um ao outro, neste caso para o objetivo mútuo de Libertação pessoal e coletiva.

Sadhana

Sadhana significa uma disciplina espiritual diária específica, praticamente obrigatória para quem procura andar o difícil caminho para a Libertação. Os seres humanos são criaturas de hábito. Existem bons hábitos, maus hábitos e hábitos necessários. Sadhana é um hábito necessário.

Sadhana deve começar no Amrit Vela (a hora do dia quando o néctar flui), antes do sol nascer, quando a maioria do mundo ainda está dormindo e a vibração do ambiente é mais pacífica. Idealmente, isso seria por volta das quatro horas da manhã. Um banho frio deve ser tomado antes de praticar Sadhana, o que energizará o corpo e trará atenção à mente.

Toda alma deve dedicar os primeiros dez por cento do seu dia ao seu relacionamento com o Criador e com seu Compromisso para com a conquista da Libertação. Portanto, o Sadhana deve idealmente durar entre duas e duas horas e meia.

Ao promovermos o ideal da consciência grupal, é preferível praticar Sadhana em Sat Sangat, a Companhia Sagrada, sua comunidade espiritual. Quando isso não for possível, uma prática individual ainda é aceitável.

Além de pedir aos Khalsa que recitem seus "Banis" diários (consulte a seção Código de Conduta abaixo), Guru Gobind Singh não prescreveu um Sadhana específico para os Khalsa praticarem. Qualquer prática diária de Sadhana que não seja contrária ao Código de Conduta Khalsa é adequado e útil.

Para não invocar o próprio ego, é preferível praticar um Sadhana projetado por um verdadeiro professor espiritual, não uma disciplina espiritual diária projetada por si mesmo. Ter um professor espiritual é extremamente útil e, às vezes, indispensável para uma pessoa que busca conscientemente a Libertação.

Um verdadeiro professor espiritual guiará, desafiará e inspirará seus alunos para a Libertação. Um professor espiritual, embora seja grandioso, não é considerado Guru, mas sim alguém que ajuda a entregar o destino do aluno ao Guru.

Siri Singh Sahib Bhai Sahib Harbhajan Singh Khalsa Yogiji (Yogi Bhajan), compartilhou um Sadhana completo e integrado, cobrindo todos os aspectos do desenvolvimento espiritual. Embora não seja obrigatório para um Khalsa praticar este Sadhana particular, não haverá tempo em que algumas variações deste Sadhana não sejam apropriadas e úteis. Este Sadhana é completamente congruente e alinhado com as Consciências Khalsa e do Sikh Dharma.

A seguir são apresentados os cinco módulos essenciais deste Sadhana Aquariano.

Japji

O Sadhana começa com a recitação do Japji, a revelação seminal de Guru Nanak sobre o propósito da vida e os meios para a Libertação pessoal e coletiva. O Japji é composto por 38 estrofes, agrupados por versos de abertura e de encerramento, e leva cerca de 20 minutos para ser recitado. O Japji é recitado normalmente em Gurmukhi, a linguagem sagrada da fé Sikh. Através de sua qualidade vibracional e mensagem direta da verdade suprema, a recitação do Japji conecta imediatamente o coração e a mente de alguém ao divino. O verso de abertura do Japji, conhecido como Mul Mantra, define o tom e resume o que vem a seguir:

Ek Ong Kaar
Existe um Deus

Sat Naam
Verdade é Seu nome

Kartaa Purakh
Fazedor de tudo

Nirbhao
Destemido

Nirvair
Sem ódio

Akaal Moorat
Imortal

Ajooni
Não nascido

Saibhang
Auto-existente

Gurprasaad
Revelado pela graça do Guru

Jap!
Medite!

Aad Sach
Verdade no começo

Jugaad Sach
Verdade através dos tempos

Haibhee Sach
Verdade mesmo agora

Naanak Hosee Bhee Sach
Ó Nanak, Ele sempre será Verdade

Kundalini Yoga

É nossa responsabilidade cuidar deste corpo físico que o Criador nos concedeu. É o único veículo disponível através do qual estamos destinados a nos libertar. Todos os seres conscientes entendem que se houver falta de harmonia entre mente, corpo e espírito, ou se algum desses aspectos da existência não forem adequadamente desenvolvidos, a obtenção da Libertação será muito ilusória. A prática da Kundalini Yoga é um recurso muito eficaz nesse sentido.

Como Guru Nanak ensinou, a prática do yoga, por si só, não levará uma pessoa à Libertação e, por esse motivo, não deve ser considerada um caminho espiritual independente. No entanto, a prática do yoga é uma ferramenta muito útil que pode ser integrada à prática espiritual diária de qualquer pessoa que se comprometeu com qualquer caminho espiritual independente ou religião. Kundalini Yoga é, em particular, perfeitamente alinhada com o Caminho Espiritual Khalsa.

Como parte de uma prática diária de Sadhana, a duração ideal de uma série de Kundalini Yoga dura entre 30 e 45 minutos.

Meditação

A meditação é um aspecto essencial do desenvolvimento espiritual. Devemos treinar a mente para trabalhar para nós, em vez de sermos inconscientemente controlados por ela. A mente não define quem somos; ela nos foi dada pelo Criador para nos ajudar em nossa jornada em direção à Libertação. Se treinada corretamente, fará exatamente isso. Se não for treinada corretamente, provará ser uma distração insuperável para alcançar o propósito da vida.

O módulo de meditação do Sadhana deve idealmente ser de 62 minutos, embora *qualquer* meditação seja melhor que *nenhuma* meditação. Ao contrário de outras tradições espirituais, não é o modo Khalsa meditar no nada ou no vazio, pois vemos nossa existência como sendo real, não uma ilusão. Além de que a mente, pela sua natureza, está sempre ativa. Então escolhemos treiná-la e aproveitar seu poder, em vez de tentar anular isso, o que no final seria um exercício de futilidade.

Nossa forma mais comum de meditação é focar a mente no Mantra, a repetição de qualquer forma d'O Nome encontrada no Siri Guru Granth Sahib, ou no Bani, a repetição de um hino, capturando a essência dos ensinamentos do Guru. Para um Khalsa, a repetição do mantra WAHE GURU é sempre suficiente, claro.

Oração

A oração também é um componente absolutamente necessário do desenvolvimento espiritual. Implica a disposição de um ser humano a ter uma conversa íntima e um relacionamento pessoal com o Criador do Universo, que chamaremos de Deus. Isto nos faz pedir algo porque reconhecemos que existe uma força e consciência mais poderosa e mais capaz do que o nosso ego individual. Mais do que qualquer outro aspecto da disciplina espiritual, a oração nos ensina o valor da devoção e da humildade, sem a qual não há Libertação nesta vida. Não há nada igual ao poder da oração.

Qualquer oração sincera, seja de uma tradição religiosa formal ou do próprio coração, é igualmente eficaz e é sem dúvida ouvida pelo Criador. A oração comum reconhecida pelos Khalsa é o Ardaas, escrita por Guru Gobind Singh. Ela incorpora a oração coletiva dos membros da Irmandade Khalsa, que sua aspiração mais alta seja alcançada, isto é, pelo Compromisso e força interior necessários para percorrer este caminho todo até a Libertação. O Ardaas também deixa espaço na sua conclusão para expressões de oração pessoal, para pedir orientação a Deus e poder de cura para nós mesmos, para nossos entes queridos e para toda a humanidade.

Escritura

O módulo final de qualquer Sadhana verdadeiro é a leitura de uma passagem da escritura sagrada. Essa seria a fonte mais elevada reconhecida para qualquer caminho ou religião espiritual em relação à questão da Libertação. Todo caminho espiritual verdadeiro e religião baseiam-se nos ensinamentos essenciais de sua escritura mais sagrada.

Pode-se dizer que os quatro primeiros módulos do Sadhana são projetados para preparar o coração e a mente para entender e assimilar a esperada mensagem das escrituras para o dia. Isso ocorre porque a mente, sujeita às limitações do ego e da consciência comum, simplesmente não tem normalmente vontade ou capacidade de captar uma mensagem de tal profundidade, pureza e verdade.

Todo praticante de Sadhana deve fazer a leitura do dia a partir das escrituras mais alinhadas ao seu caminho espiritual escolhido. Um Khalsa faz a leitura do dia a partir das escrituras do Siri Guru Granth Sahib, que oferecerá não apenas um conselho inestimável sobre os meios para a Libertação, mas também orienta sobre como se relacionar e assumir o dia seguinte.

PARTE DOIS

Desenvolvimento de Caráter

O Caminho Espiritual Khalsa é igualmente baseado no desenvolvimento do Caráter: as qualidades internas que permitem uma pessoa a lidar com si mesma, com os outros e com a Missão, sob qualquer circunstância. Uma vida dirigida pelo caráter é uma vida guiada principalmente por ideais e virtudes, ao invés da necessidade emocional e psicológica.

Comprometimento

Para um Khalsa, o traço de caráter mais importante e a maior virtude de todas é o Compromisso. Quando alguém dá a sua Palavra—para si mesmo (uma decisão), para outro ser humano (uma promessa) ou a Deus (um voto)—está considerado feito.

Isso significa que uma vez que a intenção é estabelecida e a promessa é feita, não há como voltar atrás. Um Khalsa irá, sem hesitação, entregar sua vida antes de trair sua Palavra. Compromisso é um estado de espírito e um modo de vida. É uma religião em si mesmo. É Deus.

Autodisciplina

O modo de vida Khalsa exige autodisciplina. A capacidade de treinar mente, corpo e alma para serem consistentes e absolutamente obedientes aos seus objetivos, mesmo que isso signifique desconforto físico, emocional ou psicológico. A capacidade de superar a tendência humana à preguiça e à distração. A habilidade de sempre estar no controle do seu comportamento e de fazer "a coisa certa", não importa o que esteja puxando na outra direção. Força de vontade, a marca de toda grande Alma.

Coragem

Os Khalsa sempre foram conhecidos por sua Coragem, sua vontade e capacidade de fazer o que é necessário, não importa qual o risco.

É preciso coragem para embarcar em qualquer grande e incerto empreendimento na vida, como trilhar o caminho da Libertação, porque confrontar o desconhecido tende a evocar o medo inconsciente da morte e aniquilação existencial—o único medo real que existe.

Um Khalsa foi treinado por esse caminho espiritual para ser corajoso e aproveitar todas as oportunidades para mostrar sua coragem. A conquista do medo através da invocação da Coragem é um aspecto integrante do modo de vida Khalsa.

Sacrifício

Um Khalsa está pronto, disposto e capaz de se sacrificar e colocar de lado o seu interesse pessoal em benefício de outro ser humano ou por uma causa nobre, independente do preço a ser pago.

O sacrifício também está implícito no processo do crescimento espiritual consciente, pedindo ao Khalsa que adie a gratificação imediata da necessidade emocional em troca dos benefícios a longo prazo do desenvolvimento do caráter.

Verdade

Um Khalsa sempre escolhe se relacionar primeiramente e acima de tudo com a Verdade. Um Khalsa ama a Verdade mais do que tudo, e adora a Deus como sendo a própria essência da Verdade.

Saber a Verdade é valorizado, assim como falar a Verdade. No entanto, a maior ambição de um Khalsa é viver a Verdade. Em outras palavras, seja um exemplo vivo da Verdade em cada pensamento, palavra e ação.

Nobreza

Um Khalsa exemplifica os ideais de Nobreza, não apenas em palavras e ações, mas também na aparência pessoal, sempre consciente da projeção externa e seu efeito sobre si mesmo e nos outros.

Um Khalsa está sempre bem arrumado e vestido, uma aparência condizente com a realeza espiritual; sendo uma apresentação modesta, elegante e edificante, capaz de lembrar aos outros do Deus dentro de si.

Um Khalsa deve sempre lembrar que a razão para manter essa projeção cativante não é a vaidade pessoal, mas sim o desejo de ser um representante disposto e visível do Khalsa e dos valores que ele representa.

Bondade

Um Khalsa sempre mostra Bondade incondicional. Para si mesmo e para os outros—mesmo para aqueles que desejam nos fazer mal. Um Khalsa deve primeiro ser conhecido por seu amor, sua habilidade de sempre atuar do coração, sua capacidade de perdoar e esquecer.

Compaixão

Um Khalsa sempre exibe a virtude da Compaixão. A vontade e capacidade de se colocar no lugar dos outros, realmente se preocupar com eles como pessoas e ver as coisas do ponto de vista deles.

Chefe de Família

O Caminho Espiritual Khalsa não é uma ordem monástica ou ascética. Pelo contrário, o estilo de vida ideal de um Khalsa é o de "chefe de família", o que significa casamento, família, amizade, educação, diversão e quaisquer outros envolvimentos normais na sociedade humana. Espera-se que um Khalsa obtenha sucesso e contribua para a sociedade, não que fuja dela.

O processo de superar os desafios da existência humana cotidiana, interagindo e servindo de inspiração para outros seres humanos, é considerada a melhor plataforma para o desenvolvimento espiritual e, finalmente, a obtenção da Libertação.

Caridade

Um Khalsa é obrigado a "trabalhar pelo suor de suas sobrancelhas e compartilhar seu ganho com os outros." Isso significa que um Khalsa contribui com uma parcela generosa de seus ganhos para os menos afortunados, às causas sociais e à própria Missão.

A caridade é um reconhecimento de que nada pertence a mim; que tudo vem de Deus, tudo volta para Deus. A pessoa mais rica do mundo não é a pessoa que tem mais, mas sim a pessoa que mais doa.

Serviço

Um Khalsa está sempre pronto, disposto e apto a servir, sem expectativas de receber nada em troca. O Khalsa tem apenas uma pergunta simples a ser feita a seus companheiros humanos: "Como posso ser útil para você?" Quando o dever chama, o Khalsa será sempre o primeiro da fila.

Um ser consciente entende que a melhor maneira de servir ao Criador é servir à Criação, mais importante na forma de servir ao próximo ser humano e sua missão na vida. Ao fazer isso, o próprio destino espiritual e a própria missão são inevitavelmente cumpridas.

Ativismo Social

O ativismo social é um aspecto integrante do Caminho Espiritual Khalsa. Somos conhecidos por nosso envolvimento em causas justas e assuntos da comunidade. Não é o caminho Khalsa testemunhar corrupção e injustiça social e não dizer ou fazer nada.

Como Khalsa, somos obrigados a advogar e lutar pela verdade, justiça e igualdade de todos. Consideramos o tratamento injusto ou indigno a qualquer ser humano ou criatura viva como uma injustiça e um insulto ao próprio Criador.

PARTE TRÊS

Código de Conduta

O Código de Conduta é um mandato sob o qual a sua conduta estará, em todas as circunstâncias da vida. O que você fará, o que você não fará. Ele irá protegê-lo de ser traído pela seu própria fraqueza humana. É o fundamento e suporte de vida do desenvolvimento espiritual. Moldará você à sua própria imagem.

O Código de Conduta Khalsa, proferido por Guru Gobind Singh, é conhecido como *Rehit Maryada*. Ele se refere a três áreas amplas e essenciais do desenvolvimento espiritual, sendo elas: Identidade, Crença e Prática Espirituais, e o estilo de vida Dármico.

O que se segue é o Código de Conduta Essencial Khalsa, o plano de Guru Gobind Singh para alcançar a Libertação nesta vida.

Juramento

Fazer um voto de viver de acordo com um Código de Conduta espiritual é o momento decisivo e mais importante na vida de um pessoa que busca conscientemente a Libertação. Quando feito a partir de cada fibra do ser, em vez de ser apenas uma expressão da sua melhor intenção, torna-se uma aliança inquebrável entre A Alma e O Criador.

Fazer o voto de viver de acordo com um Código de Conduta espiritual é uma forma de morte, essencialmente encerrar a vida terrena em que uma pessoa nasceu, a Alma conscientemente escolhendo renascer sujeita às regras do Código de Conduta escolhido (Dharma), ao invés da lei de causa e efeito (Karma).

Uma pessoa é auto-iniciada no Khalsa "aceitando Amrit" (recebendo o néctar), isto é, sendo formalmente batizada na Irmandade / Fraternidade Khalsa, e prometendo viver, a partir desse dia, de acordo com o Código de Conduta Khalsa.

Identidade

Um Código de Conduta espiritual significa assumir de bom grado uma nova identidade, alinhada com os valores e aspirações do caminho. Isso geralmente implica assumir um novo nome, uma nova aparência, uma nova fé e até mesmo uma nova narrativa sobre como sua vida começou neste planeta.

Fidelidade

Um Khalsa respeita e honra todas as tradições espirituais e religiosas, é aconselhado a entender e apreciar os ensinamentos essenciais dessas tradições e até mesmo buscar amizade e terreno comum com os adeptos destas outras crenças.

No entanto, ao tomar Amrit, um Khalsa promete que sua Libertação pessoal será realizada e alcançada exclusivamente neste caminho particular, através da lealdade singular ao Siri Guru Granth Sahib e ao Código Khalsa de Conduta.

Pais Espirituais

Ao receber Amrit, um Khalsa promete aceitar Guru Gobind Singh como seu pai espiritual e Mata Sahib Kaur, sua esposa, como mãe espiritual.

Ao dar esse salto de fé, a Alma estará efetivamente negando os impedimentos à Libertação dados por características herdadas e de criação de seus genes da família de nascimento.

Mais importante, o novo Khalsa conscientemente escolheu modelos confiáveis e inspiradores que serão capazes de moldar sua vida depois, a fim de atingir o objetivo de Libertação.

Local de Nascimento Espiritual

Ao tomar Amrit, um Khalsa promete que ele agora irá considerar Anandpur Sahib, na Índia, como seu local de nascimento espiritual onde, em 1699 d.C., Guru Gobind Singh deu à luz ao Khalsa.

Ao fazê-lo, o novo Khalsa mais uma vez afirma seu renascimento espiritual e orienta toda a sua auto-identidade em torno da Missão que nasceu por Guru Gobind Singh naquele dia.

Singh e Kaur

Ao tomar Amrit, um homem Khalsa assume o sobrenome Singh (Leão), uma mulher Khalsa assume o sobrenome Kaur (Princesa). Homens e mulheres assumem o sobrenome adicional Khalsa (Puro/Pura). Essa é a identidade e projeção que Guru Gobind Singh pediu a seus filhos espirituais que assumissem ao entrarem no grupo.

Para fortalecer a identidade própria, reconhecer a irmandade e fraternidade nesta família espiritual e acender a paixão pela participação neste modo de vida, membros da Khalsa se cumprimentarão entusiasticamente com a saudação, "Wahe Guru Ji Ka Khalsa, Wahe Guru Ji Ki Fateh!" (O Khalsa pertence a Deus, a Vitória pertence a Deus!).

5 Ks

Ao aceitar Amrit, um Khalsa promete sempre usar o artigos de fé desse caminho em particular, mesmo na época da sua cremação. Cada um desses artigos de fé tem seu próprio propósito prático e significado simbólico. Eles são um lembrete constante da identidade própria e do Compromisso feito para com esse caminho. Por fim, anunciam ao mundo nossa associação a esse caminho e nossa disponibilidade a sermos úteis em nome de Deus. Estes são conhecidos como os cinco K's.

- **Kesh.** Cabelo sem cortes. Nós nunca cortamos nossos cabelos, desejando nos manter como Deus nos criou. Nós também cobrimos nossas cabeças em público com um turbante distinto e bem amarrado, identificando-nos ao mundo como um membro da fé Sikh e Irmandade / Fraternidade Khalsa.

- **Kanga.** Pente de madeira pequeno para ser guardado no cabelo, embaixo do turbante. Este artigo de fé representa nossa intenção de manter nosso respeito próprio em termos de aparência e projeção, uma afirmação que "a Limpeza está próxima da Divindade".

- **Kara.** Pulseira de ferro para ser usada na mão direita por homens, na mão esquerda por mulheres. O significado mais comumente associado a este artigo de fé é, "Esta mão não fará mal." O material utilizado na pulseira também é um lembrete de nossa força interior inquebrável.

- **Kachera.** Roupa de baixo, semelhante à cueca boxer. Este artigo de fé representa a consciência da castidade, o tratamento respeitoso aos membros do sexo oposto e a promessa de não se envolver em relações íntimas que não estejam dentro de um casamento.

- **Kirpan.** Faca sagrada ou espada. Mais significativamente, este artigo de fé representa a disposição para lutar e até mesmo sacrificar a vida por uma causa justa e nobre. Em princípio, nunca deve ser usada senão como último recurso e, mesmo assim, apenas em legítima defesa ou defesa dos inocentes.

Crença Espiritual e Prática

Um Código de Conduta espiritual normalmente prescreve um sistema de crenças e práticas espirituais específicas, congruentes e úteis para alcançar a forma de consciência que está guiando a Alma.

Um Deus

Este é um caminho de Deus.

Ao tomar Amrit, um Khalsa declara sua crença eterna e inquestionável no Deus Único. O Único que Gera. Aquele que Organiza. Aquele que Destrói. O Tudo em Todos. Além das palavras, além dos cinco sentidos, além do alcance do intelecto, além do tempo e espaço. A personificação da Verdade. O mesmo Deus adorado por todas as fés.

Esta não é uma religião tribal. Não há múltiplos Deuses, cada um pertencente a diferentes religiões ou tribos, nem Deus tem um relacionamento especial com alguma pessoa, tribo ou religião. O Khalsa não reconhece nenhuma pessoa ou clérigo que se coloque como intermediário entre Deus e a Alma humana.

Mais do que acreditar em Deus, um Khalsa experimenta e tem um relacionamento pessoal com Deus.

Simran

Ao tomar Amrit, um Khalsa promete fazer da meditação parte de sua prática espiritual diária. Em particular, um Khalsa pratica Naam Simran, a constante lembrança e meditação no Nome de Deus e sua repetição.

É sabido que existem muitos nomes atribuídos ao Um. No entanto, ao aceitar Amrit, um Khalsa lembra, medita e repete o Nome de Deus como WAHE GURU.

Bani

Bani refere-se à palavra sagrada escrita dos Gurus Sikh. Ao tomar Amrit, um Khalsa promete recitar as orações diárias prescritas por Guru Gobind Singh ("Os Banis"), que incluem o Japji Sahib, Shabad Hazaaray, Jaap Sahib, Tev Prasaad Swaiyaas, Benti Chaupai Sahib, Anand Sahib, Rehiras Sahib e o Kirtan Sohilaa.

Ao tomar Amrit, um Khalsa também promete buscar sabedoria e orientação diariamente no Siri Guru Granth Sahib, a fonte mais sagrada de inspiração para uma pessoa caminhando pelo caminho espiritual Khalsa. A segunda mais sagrada fonte de inspiração para um Khalsa é o Sri Dasam Granth Sahib, os escritos compilados de Guru Gobind Singh. Ambos o Siri Guru Granth Sahib e o Sri Dasam Granth Sahib são considerados Bani.

Artes Marciais

É obrigatório que um Khalsa esteja pronto, disposto e apto a defender-se, à sua família, sua fé, a qualquer outra pessoa inocente ou qualquer outra fé que seja colocada em perigo físico por circunstâncias injustas e violentas.

Dessa forma, ao tomar Amrit, um Khalsa promete aprender e dominar alguma forma de artes marciais. Esta é uma prática espiritual requisitada a um verdadeiro Khalsa, por razões de desenvolvimento do caráter e prontidão prática.

Estilo de Vida Dármico

Um Código de Conduta espiritual sempre fornecerá um bússola moral clara pela qual viver a vida, fornecendo o estilo de vida consciente e saudável necessário para o desenvolvimento espiritual.

A curta lista a seguir do que fazer e não fazer serve simplesmente para apoiar o progresso de alguém nesse caminho espiritual em particular e eliminar o tipo de comportamento que irá distraí-lo ou bloqueá-lo completamente para fora desse progresso.

Dieta Vegetariana

Ao tomar Amrit, um Khalsa promete manter uma dieta vegetariana—sem carne, peixe, aves ou ovos. Laticínios são aceitáveis. Certamente, há benefícios à saúde e ao temperamento com essa forma de dieta, mas o motivo principal é não infligir sofrimento desnecessário a outros seres e assumir as consequências kármicas de fazê-lo.

Sem Drogas

Ao aceitar Amrit, um Khalsa promete não tomar nenhuma substância recreacional que altere a mente. A essência da Consciência Khalsa é uma mente pura, clara e baseada na realidade. Todas as drogas que alteram a mente obscurecem e distorcem a percepção de realidade e, como tal, estão completamente em desacordo com o propósito da meditação e outro esforço espiritual.

A intoxicação experimentada pela ingestão de drogas que alteram a mente é passageira, superficial, ilusória e, finalmente, equivale ao comportamento autodestrutivo. Para um Khalsa, a única intoxicação sustentável, profunda, real e afirmativa da vida é experimentada através do canto do Nome de Deus.

Sem Álcool

É feita menção separada ao álcool, uma vez que o álcool desfruta historicamente de um nível tão alto de aceitação social, que muitas pessoas nem o vêem como uma droga perigosa e alteradora da mente. Esta é uma expressão da negação social coletiva. É um fato inegável que o álcool destruiu milhões de vidas e inúmeras civilizações.

Todas as razões pelas quais um Khalsa é proibido de ingerir outras drogas que alteram a mente, obviamente também se aplicam à ingestão de álcool. Como qualquer outra "droga recreativa", o álcool é consumido, consciente ou inconscientemente, para matar o dor da solidão existencial e o medo da aniquilação.

Sem Tabaco

Ao tomar Amrit, um Khalsa promete não ingerir tabaco em qualquer forma. Embora o tabaco não tenha o extremo efeito alterador da mente das outras drogas proibidas, seu componente narcótico nicotina dá uma falsa sensação de relaxamento e até paz, eventualmente levando à dependência física e psicológica.

A principal razão pela qual a ingestão de tabaco é proibida para o Khalsa é porque promove uma atitude relaxada e comportamento completamente em desacordo com a disciplina espiritual. Independente da forma como é ingerido, o tabaco é extremamente prejudicial ao templo do corpo.

Sem Jogatina

Ao tomar Amrit, um Khalsa promete não apostar. Na pior hipótese, jogos de azar podem ser emocionalmente desestabilizadores, economicamente desastrosos, destrutivos para a integridade da família e altamente viciantes. Jogos de azar e locais de jogo tendem a ser um imã para outros vícios autodestrutivos, bem como para comportamentos criminosos.

Mesmo no aspecto mais inocente, um jogo de apostas é uma atividade voltada para desperdiçar ociosamente os poucos momentos preciosos que nos foram concedidos, em vez de dedicar esse tempo a algo mais produtivo e gratificante. É também uma estratégia elaborada pelos seres humanos para escapar da realidade e não lidar com o propósito para o qual eles foram realmente colocados neste planeta.

Conduta Sexual

Khalsa não é uma ordem monástica e promove a ideal do chefe de família esclarecido. Como tal, um Khalsa vê a sexualidade humana como uma experiência normal, saudável e emocionalmente gratificante.

No entanto, ao tomar Amrit, um Khalsa promete não manter relações sexuais antes do casamento, nem com alguém que não seja seu próprio e único cônjuge com o qual seja legalmente casado.

A primeira razão para esse mandato é que a vida do Khalsa é, antes de tudo, baseada no Compromisso, e não na satisfação da necessidade emocional.

A segunda razão para este mandato é que a atenção principal de um Khalsa, solteiro ou casado, está no desenvolvimento espiritual, e não na busca de um parceiro sexual disponível.

A terceira razão para esse mandato é que um Khalsa exibe nobreza em todos os aspectos de sua vida, especialmente no seu relacionamento com membros do sexo oposto—sempre mostrando respeito e, em particular, mantendo a fidelidade ao seu próprio cônjuge. É isso que uma pessoa nobre faz.

Qualquer membro masculino do Khalsa é obrigado a ver todas as mulheres neste planeta como sendo sua mãe, sua irmã, sua filha ou sua esposa. Qualquer membro feminino do Khalsa é obrigada a ver todos os homens neste planeta como sendo seu pai, irmão, filho ou marido. É simples assim.

Epílogo

O objetivo da vida é alcançar a Libertação.
O Caminho Espiritual Khalsa te guiará até lá.
O Caminho foi apresentado diante de você.
Simples, claro e direto.
Perfeito como é.
Confie.
Comprometa-se.
Libere-se!

Sobre o Autor

S.S. Hari Nam Singh Khalsa ensinou e aconselhou milhares de pessoas ao redor do mundo a respeito de virtualmente todo aspecto do esforço humano. Ele foi pessoalmente treinado para servir à humanidade nesse sentido por quase 30 anos por Siri Singh Sahib Bhai Sahib Harbhajan Singh Khalsa Yogiji (Yogi Bhajan), o lendário mestre espiritual que primeiro introduziu o Kundalini Yoga, o Sikh Dharma e o Estilo de Vida Khalsa no Ocidente, no final dos anos 1960.

Hari Nam é mais conhecido por sua paixão, senso de humor e perícia em integrar a espiritualidade no cotidiano. Sua missão na vida é facilitar a libertação pessoal e global, ensinando e sendo modelo das virtudes do Estilo de Vida Khalsa. Nascido em Nova Iorque em 1952, Hari Nam Singh fez seus votos Khalsa em 1979. Ele foi ordenado ministro (Singh Sahib) do Sikh Dharma em 1994, e seguiu para se tornar um respeitado porta-voz e representante da fé.

Em algum momento ou outro em sua vida, Hari Nam Singh foi advogado, consultor de investimentos, psicólogo, professor de yoga, taxista e fotógrafo profissional. Sendo uma pessoa interessada em tudo e em todos, Hari Nam Singh tem interesses e passatempos demais para sequer serem mencionados. Ele é casado com Kulwant Kaur Khalsa, a quem ele não só ama ternamente, mas é também a mais sábia e virtuosa mulher que ele já conheceu. Sem seu apoio, esse livro não teria sido possível.

Para mais informações a respeito de Hari Nam Singh e da missão à qual ele dedicou sua vida, acesse:

www.khalsaconsciousness.com
info@khalsaconsciousness.com
www.facebook.com/harinamsinghkhalsa
www.twitter.com/harinam11

www.ingramcontent.com/pod-product-compliance
Lightning Source LLC
Chambersburg PA
CBHW021119080526
44587CB00010B/576